Inhaltsverzeichnis:

Energie ist mehr als nur eine Rechnung
Tauche ein in die Welt von Strom und Gas.

I. Einführung

Herzlich willkommen zu meinem Buch über den Strom- und Gasmarkt im Zeitalter erneuerbarer Energien.
In den folgenden Kapiteln werden wir erkunden was den Strom und Gasmarkt alles beeinflusst und warum regelmäßige Kontrollen der Tarife im Strom- und Gasbereich von entscheidender Bedeutung sind.

Wir werden die Vorteile für Privatpersonen und Unternehmen beleuchten und erörtern, warum es wichtig ist, keine Online-Anbieter zu nutzen.

Des weiteren werde ich dir Empfehlungen vorstellen, wie du durch bewussten Tarifvergleich Geld sparen kannst und zwar ohne, das du dich selber immer darum kümmern musst.

Abgerundet wird dieses Buch durch zehn praktische Tipps zur Energieeinsparung.

Tauche in die Welt der Energieeffizienz ein und lasse uns gemeinsam Wege finden, wie wir unseren Energieverbrauch optimieren können.

Bitte lasse uns in diesem Buch beim respektvollen „DU" bleiben. Es ist ein persönliches Buch und wird Dir Geldersparnisse, also Mehrwerte bieten."

II. Der Strom.-und Gasmarkt

In Deutschland gibt es derzeit über 1.100 Anbieter auf dem
Strom.-und Gasmarkt, darunter große Energieunternehmen,
regionale Versorger und auch neue Anbieter.
Die genaue Anzahl kann variieren, da sich der Markt ständig
weiterentwickelt.
Jeder Anbieter hat unterschiedliche Tarife und Angebote, daher
lohnt es sich, Preise und Laufzeiten, sowie
Vertragsbedingungen zu vergleichen, um den besten Deal für
dich zu finden.

Ständig beeinflussen äußere Umstände, z.B. die politischen
Entscheidungen, Produktionskosten, Netzentgelte, Steuern,
und globale Krisen und Kriege, aber auch Angebot und
Nachfrage, den Preis und die Vertragsbedingungen.

Durch diese Gründe haben wir immer mehr Kosten im
Energiebereich zu tragen.
Das ist für Alle sehr schmerzhaft und in einigen Fällen auch
Existenz bedrohend.

Wir alle haben weniger Geld in der Tasche und müssen sehen,
welche Dinge wir beeinflussen können und auf welche wir uns
bestmöglich einstellen müssen.

Herausforderungen und Chancen:

Herausforderungen für die Zukunft könnten sein:
steigender Wettbewerb, die Umstellung auf erneuerbare
Energien, die Sicherung der Energieversorgung und die
Entwicklung neuer Technologien.

Chancen für die Zukunft könnten sein:
Innovationen im Bereich erneuerbare Energien, verbesserte
Energieeffizienz, neue Geschäftsmodelle und Dienstleistungen
sowie eine verstärkte Digitalisierung des Energiemarktes.

III. Erneuerbare Energien

Die Zukunft ist grün - Erneuerbare Energien für eine
nachhaltige Welt

In diesem Kapitel werden wir die spannende Welt der
erneuerbaren Energien erkunden. Erneuerbare Energien sind
saubere Energiequellen, die sich regenerieren und nicht zur
Erschöpfung führen. Dazu zählen Sonnenenergie, Windenergie,
Wasserkraft, Biomasse und Geothermie.

Sonnenenergie ist eine der vielversprechendsten erneuerbaren
Energiequellen. Durch die Nutzung von Solarzellen können
Sonnenstrahlen in elektrische Energie umgewandelt werden.

Windkraftanlagen nutzen die Kraft des Windes zur Stromerzeugung, während Wasserkraftwerke die Energie des fließenden Wassers nutzen.

Erneuerbare Energien sind entscheidend für den Übergang zu einer nachhaltigen Energieversorgung. Sie reduzieren die Abhängigkeit von fossilen Brennstoffen, verringern den Ausstoß von Treibhausgasen und tragen zur Bekämpfung des Klimawandels bei. Darüber hinaus schaffen sie neue Arbeitsplätze und stärken die Wirtschaft.

Durch den verstärkten Einsatz erneuerbarer Energien können wir eine lebenswerte Zukunft für kommende Generationen schaffen. Es liegt an uns, die Potenziale dieser grünen Energiequellen zu nutzen und gemeinsam eine nachhaltige Welt aufzubauen.

Erneuerbare Energien sind die Zukunft, denn sie sind umweltfreundlich und nachhaltig. Windkraftanlagen und Solaranlagen produzieren saubere Energie, ohne schädliche Emissionen. Wasserkraftwerke nutzen die Kraft von Flüssen und Seen, um Strom zu erzeugen. Biomasseanlagen wandeln organische Materialien wie Holz und Abfälle in Energie um. Diese grünen Technologien tragen dazu bei, den CO2-Ausstoß zu reduzieren und unsere Umwelt zu schützen, sodass wir eine nachhaltige Zukunft gestalten können.

In einer Welt, in der der Klimawandel eine große Herausforderung darstellt, sind erneuerbare Energien die Antwort auf eine nachhaltige Zukunft. Windkraftanlagen drehen sich sanft im Wind und erzeugen saubere Energie, während Sonnenkollektoren das Sonnenlicht einfangen und in Strom umwandeln.
Wasserkraftwerke nutzen die natürliche Kraft von Flüssen und Seen, um Elektrizität zu erzeugen, und Biomasseanlagen

wandeln organische Materialien wie Holz und Abfälle in Energie
um.

Durch den Einsatz dieser grünen Technologien können wir
unseren CO2-Ausstoß reduzieren und die Umwelt schonen.
Erneuerbare Energien sind nicht nur umweltfreundlich, sondern
auch nachhaltig und zukunftsweisend. Indem wir auf diese
sauberen Energiequellen setzen, können wir eine Welt
gestalten, in der die Energieversorgung grün, effizient und für
kommende Generationen sicher ist.
Die Nutzung erneuerbarer Energien bietet nicht nur
Umweltvorteile, sondern auch wirtschaftliche Chancen.
Der Ausbau von Wind- und Solarenergie schafft neue
Arbeitsplätze in der grünen Wirtschaft und fördert Innovationen
in der Energiebranche. Zudem sind erneuerbare Energien
dezentral und können zur Energieunabhängigkeit beitragen.

Durch Investitionen in erneuerbare Energien können Länder
langfristig ihre Energiekosten senken und ihre
Energieversorgung diversifizieren. Die Vielfalt an erneuerbaren
Energiequellen ermöglicht es, auf lokale Ressourcen
zurückzugreifen und die Abhängigkeit von importierten fossilen
Brennstoffen zu verringern.

Insgesamt bieten erneuerbare Energien eine nachhaltige
Lösung für die Energieversorgung der Zukunft und tragen dazu
bei, den Klimawandel einzudämmen und eine lebenswerte
Umwelt für kommende Generationen zu sichern.

IV. Warum regelmäßige Kontrollen der Tarife

so wichtig sind

In der heutigen Zeit, in der sich Energiepreise ständig ändern, ist es entscheidend, regelmäßig die Strom- und Gastarife zu überprüfen. Durch diese Überprüfungen kannst du sicherstellen, dass du nicht unnötig zu viel für deine Energiekosten zahlst.

Die Energiepreise können sich aufgrund verschiedener Faktoren wie Angebot und Nachfrage, politischen Entscheidungen oder sogar Wetterbedingungen ändern. Wenn du nicht regelmäßig deine Tarife überprüfst, könntest du möglicherweise verpasste Einsparungsmöglichkeiten übersehen. Das bedeutet, dass du am Ende mehr bezahlen könntest, als eigentlich notwendig wäre.

Um sicherzustellen, dass du die besten Preise für deine Strom- und Gastarife zahlst, empfehlen wir, Anbieter zu vergleichen.

Denke daran, dass regelmäßige Überprüfungen der Strom- und Gastarife dir nicht nur dabei helfen, Geld zu sparen, sondern auch einen besseren Überblick über deine Energieausgaben geben.
Indem du aktiv bleibst und deine Tarife im Blick behältst, kannst du sicherstellen, dass du immer die besten Deals für deine Energiekosten erhältst.

Durch regelmäßige Überprüfungen deiner Energiekosten kannst du auch sicherstellen, dass du nicht Opfer von Tariferhöhungen wirst, die möglicherweise unbemerkt bleiben, wenn du nicht aktiv nach Alternativen suchst.

Einige Energieanbieter bieten auch zeitlich begrenzte

Sonderangebote oder Rabatte an, die du nur durch regelmäßige Überprüfungen entdecken kannst.

Neben finanziellen Einsparungen können regelmäßige Kontrollen der Strom- und Gastarife auch dazu beitragen, deinen ökologischen Fußabdruck zu verringern. Indem du Tarife wählst, die auf erneuerbaren Energien basieren oder Energieeffizienz fördern, trägst du aktiv zum Umweltschutz bei.

Denke daran, dass die Energiebranche dynamisch ist und sich ständig weiterentwickelt. Daher ist es wichtig, dass du dich regelmäßig informierst und deine Tarife anpasst, um von den neuesten Entwicklungen und Angeboten zu profitieren.

Indem du regelmäßig deine Strom- und Gastarife überprüfst, zeigst du nicht nur finanzielle Verantwortung, sondern trägst auch zum nachhaltigen Umgang mit Energie bei. Bleibe informiert, vergleiche Angebote und sei proaktiv, um das Beste aus deinen Energiekosten herauszuholen.

www.strompapst.de

V. Vorteile einen Experten einzuschalten

Willst du das wirklich alles selber machen?

Hast du die Zeit?
Das Wissen?
Die Lust?

Mein Tipp: Wende dich an einen Berater/Experten

Hier die Vorteile, wenn du einen Experten hinzuziehst:

1. **Komplexität der Stromtarife**: Die Berechnung von Stromtarifen kann sehr kompliziert sein, da sie von verschiedenen Faktoren abhängen. Ein Fachmann kann dabei helfen, die richtige Wahl zu treffen.

2. **Zeit- und Kostenersparnis**: Indem du die Aufgabe einem Experten überlässt, kannst du Zeit und Geld sparen, da dieser die besten Tarife für dich ermitteln kann.

3. **Optimierung für Unternehmen und Privatpersonen**: Ein Fachmann kann individuelle Bedürfnisse berücksichtigen und Tarife empfehlen, die sowohl für Unternehmen als auch für Privatpersonen am vorteilhaftesten sind.

4. **Aktualität und Marktkenntnisse**: Stromtarife ändern sich regelmäßig, und ein Experte ist immer auf dem neuesten Stand der Entwicklungen auf dem Energiemarkt.

5. **Fehlervermeidung**: Durch die Unterstützung eines Experten kannst du Fehler bei der Tarifwahl vermeiden, die langfristig zu höheren Kosten führen könnten.

6. **Beratung und Unterstützung**: Ein Fachmann kann nicht nur bei der Auswahl des richtigen Stromtarifs helfen, sondern auch bei Fragen oder Problemen Unterstützung bieten.

7. **Nachhaltigkeit und Umweltbewusstsein**: Ein Experte kann auch bei der Auswahl von umweltfreundlichen Tarifen unterstützen, die zu einer nachhaltigeren Zukunft beitragen.

8. **Verhandlungsgeschick**: Ein Fachmann kann Tarife verhandeln und bessere Konditionen für dich aushandeln, was langfristig zu Einsparungen führen kann.

9. **Risikominimierung**: Durch die Expertise eines Fachmanns kannst du Risiken im Zusammenhang mit Stromtarifen minimieren und sicherstellen, dass du die besten Konditionen erhältst.

10. **Kundenservice und Betreuung**: Ein Fachmann kann einen persönlichen Kundenservice bieten und sicherstellen, dass deine Anliegen und Bedürfnisse stets berücksichtigt werden.

11.**Dein Berater/Experte hält alle wichtigen Termine im Griff und informiert dich, wenn es Veränderungen gibt, die einen Anbieterwechsel in Zukunft evtl. wieder nötig machen, so daß du immer den bestmöglichen Tarif hast.

Die Entscheidung, den Strom- und Gastarif zu wechseln, kann so einfach sein.
Alles, was du tun musst, ist eine Wahl zu treffen, und der Rest wird von einem Fachberater übernommen.
Dadurch kannst du nicht nur Geld sparen, sondern auch den lästigen Prozess mit dem alten Anbieter vergessen.
Der Berater kümmert sich um alles von der Kontaktaufnahme bis zur Abwicklung. So bleibt dir mehr Zeit und Energie für die

wirklich wichtigen Dinge im Leben. Wenn du bereit bist, deine Energiekosten zu senken und den Wechsel stressfrei zu gestalten, dann zögere nicht, mich zu kontaktieren. Gemeinsam finden wir die beste Lösung für dich."

www.strompapst.de

„Elektrizität ist die Seele des Lebens"
Albert Einstein

VI. Warum keine Onlineanbieter nutzen

Vermeide Online-Anbieter wie Vergleichsportale, da sie nicht alle relevanten Informationen berücksichtigen und keine individuelle Beratung bieten können.

Die dort angezeigten Angebote passen möglicherweise nicht genau zu deinen Bedürfnissen.
Stammen auch nicht immer von größeren seriösen Firmen.
Zudem ist es schwer, die Glaubwürdigkeit der Informationen zu überprüfen.
Vertraue stattdessen auf Experten oder persönliche Berater für fundierte Entscheidungen!

Es ist wichtig zu beachten, dass bei Online-Portalen oft die Vertragsbedingungen nicht klar dargestellt werden, was zu Missverständnissen führen kann. Zudem sind die Laufzeiten häufig kurz gewählt, was dazu führen kann, dass die Kosten im zweiten Jahr deutlich steigen.
Daher ist Vorsicht geboten, wenn man sich für Angebote von Online-Anbietern entscheidet, da die langfristigen Kosten und Vertragsbedingungen möglicherweise nicht transparent sind.
Auch sind Sicherheitsbedenken bei Online-Transaktionen oder Unsicherheiten bezüglich des Kundenservice und der Zuverlässigkeit von Online-Anbietern nicht zu 100% garantiert.
Es ist ratsam, sich auf Experten oder persönliche Berater zu verlassen, um unerwartete Kosten und Probleme zu vermeiden.

VII. Tipps zur Energieeinsparungen

Was ist alles Energie?

Energie ist nicht nur Strom oder Benzin, sondern auch Öl, Gas, Kohle, Sonne, Wind und Wasser, ja sogar Erdwärme. Energie wird aber auch durch physikalische und chemische Prozesse wie in Atomkraftwerken gewonnen. Energie entstand früher durch Verbrennung von Holz, durch Erhitzen von Wasser, durch Wasserdampf. Heute nutzen wir die enorme Energiequelle Sonne durch Fotovoltaik-Anlagen (Solarmodule), den Wind durch riesige Windkrafträder, das Wasser durch riesige Staukraftwerke, nukleares Material durch Kernspaltung und –schmelze. Wärmepumpen lassen die Energie effektiver nutzen, und tiefe Bohrungen in die Erde nutzen sogar die Wärme im Innern unseres Planeten. Wir wissen, dass die Erdölvorräte schon bald erschöpft sind. Auch Erdgas ist nicht endlos lange verfügbar. Stein- und Braunkohle sind bald verbraucht. Es wird Zeit, Alternativen zu entwickeln und sie breit nutzbar zu machen. Energie ist aber auch das tägliche Wasser, das wir zum Trinken, Kochen und Reinigen verwenden, die Luft, die wir atmen. Aber auch neuerdings Biomasse, Biodiesel und nachwachsende Rohstoffe. Das sind solche Energieträger, die unbegrenzt immer wieder nachwachsen wie zum Beispiel Raps, aus dem Öl gewonnen wird, das auch als Biodiesel beim Auto beigemischt werden kann. Auch Sonnenblumen liefern Öl wie Oliven.

Strom sparen im Haushalt

Weil Strom bisher endlos zur Verfügung stand und so einfach aus der Steckdose kam, sind wir sehr verschwenderisch damit umgegangen. Gelegentliche Stromausfälle durch z.B. Naturkatastrophen führen uns bisweilen die Abhängigkeit vor Augen: Wer hat noch ausreichend Kerzen oder Taschenlampen, Batterien oder Petroleumlampen im Haus? Schlagartig wird uns bewusst, wie hilflos wir doch alle sind, die mit Strom aufgewachsen und nun von ihm abhängig sind.

„Strom ist Leben"

Von Werner von Siemens

Jeder kann sparsamer mit Energie umgehen!

Jeder kann sparsamer mit dem kostbaren Gut Energie im Haushalt und Privatleben umgehen und dabei auch noch etwas

Gutes für die Umwelt tun. Wir verschwenden heutzutage gedankenlos Unmengen an Strom.

Die Summe macht´s!

Wir lassen Fernsehgeräte oder Computerbildschirme im Standby-Modus weiterlaufen (als Standby-Verlust wird der Stromverbrauch im Bereitschaftsbetrieb bezeichnet, also ein Stromverbrauch, ohne dass das Gerät benutzt wird). Beim Standby-Verbrauch gilt das Motto: „Die Summe macht's." Jedes Gerät für sich fällt kaum ins Gewicht, alle zusammen aber schon. Das frisst übers Jahr verteilt Unmengen an Strom. Selbst Ladegeräte für den Handy-Akku, die digitale Kamera oder den Laptop bleiben einfach aus Bequemlichkeit in der Steckdose – und fressen weiter Strom. Auch der elektrische Radiowecker muss nicht sein, ein Batteriewecker ist billiger – oder besser noch: Wenn ich schon mein Handy auf Empfang lasse – auch nachts -, dann kann ich hier auch die Weckfunktion gleich mitnutzen. Die durch den Standby-Betrieb verursachten Jahreskosten können leicht bis zu 100 Euro und mehr ausmachen. Jedes Standby-Watt kostet im Jahr rund anderthalb Euro!

Wir tun uns mit Veränderungen schwer

Die Verbraucher wissen, dass sie schon durch kleine Verhaltensänderungen sparen können. Trotzdem tun sie sich damit an vielen Stellen immer noch schwer: So will nur rund ein Drittel der Deutschen weniger Auto fahren, geht aus einer Umfrage hervor. Immerhin wollen mehr als drei Viertel künftig herkömmliche Glühbirnen durch Energiesparlampen ersetzen. Und annähernd 60 Prozent denken an die Anschaffung Strom sparender Haushaltsgeräte. Fast jeder Dritte will weniger heizen. Vier von fünf Verbrauchern wollen darauf achten, Elektrogeräte nicht mehr im Standby-Betrieb laufen zu lassen. Eine Familie könnte jährlich ca. 3.000 Euro und 8 Tonnen CO_2 sparen. Energie zu sparen lohnt sich – in Euro und Cent.

Der Online-Energiecheck

Mittlerweile wird bereits im Internet auf verschiedenen Seiten von unterschiedlichen seriösen Anbietern ein so genannter

Online-Energiecheck für die eigenen vier Wände und das eigene Energieverhalten angeboten. Es lohnt sich, dort einmal nachzuschauen und den Stromcheck mitzumachen. Man wird sich wundern, wo man überall Energie verschleudert, Geld zum Fenster hinauswirft und wie man vor allem die Umwelt durch ein Energiebewusstes Verhalten schonen kann. Es gibt ein wahnsinniges Einsparpotenzial. Dort finden sich eine ganze Reihe von Tipps zum Energie sparendem Verhalten und für klimabewusste Kaufentscheidungen.

www.StromPabst.de

> **„Ohne Elektrizität würde die Welt im Dunkel stehen"**
>
> Benjamin Franklin

Mit dem Kippschalter weg vom Standby

Hier lohnt sich die Investition von fünf Euro für eine Steckerleiste mit Kippschalter. Am Abend oder wenn ich es nicht nutze, schalte ich die Steckdosen einfach aus. Auch die elektrische Zahnbürste, der Rasierapparat, der Haartrockner, der Bartschneider, der Lockenwickler, die Fußmassage oder das Heizkissen gehören nicht in die Steckdose, wenn sie nicht gebraucht werden. Rausnehmen und Strom sparen, damit die eigene Brieftasche schonen!

Wie stelle ich Standby-Verbrauch fest?

Ob die Geräte sich noch im Standby-Modus befinden, kann man auch ganz einfach folgendermaßen kontrollieren: Wenn das Gerät oder das Netzteil spürbar warm bleibt (meist auf der Geräterückseite tasten), wenn ein Brummton des Transformators zu hören ist, wenn die Uhrzeit noch angezeigt wird oder wenn eine „Bereitschaftsanzeige" (rote oder grüne Leuchtdiode) noch leuchtet.

Der Check vor dem Urlaub

Insbesondere sollte man vor Urlauben gründlich seinen Energieverbrauch noch einmal checken. Oft hilft auch ganz einfach ein Blick auf den Stromzähler. Wenn sich das silberne Rädchen noch heftig dreht, dann ist irgendwo etwas faul im Staate Dänemark, und dann sollte man noch einmal intensiv forschen, bevor man abreist. Übrigens: Auch an den Router für den Internet-Empfang und den Tintenstrahldrucker denken! Und wer keine Steckerleiste mit Kippschalter hat, zieht einfach den Stecker aus der Dose und hat dazu noch einen nicht zu unterschätzenden Vorteil: Bei einem Blitzeinschlag sichert man obendrein noch seine wertvollen elektronischen Geräte vor Überspannungsschäden und manchmal sogar vor dem Totalverlust. Geld sparen ist hier die Devise und vorsorgen!

„Strom ist das Blut, das durch die Adern der Welt fließt"

William Gilbert

Bye bye Standby!

Vorbei mit Standby! Viele elektronische Geräte schlafen im so genannten Standby-Modus: Fernsehapparate, DVD-Geräte,

Computer, Drucker, HIFI- Anlagen und vieles mehr verbrauchen in diesem Wartezustand unnötig viel Strom. Man schätzt, dass jeder rund 100 Euro im Jahr dafür zum Fenster hinausschmeißt.

Diesem unnötigen Standby-Leerlauf sagt man demnächst ganz einfach „good bye!". Es kommt nämlich in Kürze ein ganz neues Gerät auf den Markt: der Powersafer. Für etwa 30 Euro und einem super günstigen Energieverbrauch bei 460 Watt Schaltleistung klemmt man das Geräte einfach zwischen Fernseher und Steckdose. Über eine Mehrfachsteckdose kann man auch gleich mehrere Geräte wie Video-, Audioanlage und CD-Player damit kombinieren. Über Infrarot-Fernbedienung aktiviert man den Powersafer, der alle angeschlossenen Geräte auch im Standby-Modus vom Netz nimmt.

Auch mit Lampen lässt sich sparen und schützen!

Die Investition in Energiesparlampen rechnet sich schnell, denn sie hilft Strom und damit Geld zu sparen. Die neue elektronische Generation von Energiesparlampen hält rund achtmal länger als eine herkömmliche Glühbirne, und sie hat eine fünfmal höhere Lichtausbeute als eine Glühlampe. Das heißt: Eine 20-Watt-Energiesparlampe erzielt etwa den gleichen Lichtstrom wie eine Glühlampe mit 100 Watt Leistung. Der Verbrauch ist um rund 80 Prozent geringer. Die teurere Anschaffung rentiert sich daher bald. Glühlampen haben eine Lebensdauer von rund 1.000 Stunden. Energiesparlampen erreichen zwischen 10.000 und 15.000 Stunden. Die Einsparung hat also zwei Ziele: Längere Lebensdauer und weniger Energie. Auch aus Gründen des Umweltschutzes lohnt sich daher der Kauf von Energiesparlampen. Man sollte aber auf jeden Fall auf das Einhalten der so genannten „RoHS"-Richtlinie achten. Sie verhindert nämlich den Einsatz bestimmter gefährlicher Stoffe in Elektro- und Elektronikgeräten. Sie sollen nur noch minimale Mengen an Schadstoffen enthalten.

Schadet häufiges Schalten den Glühlampen?

Bei Glühlampen wirkt sich die Schalthäufigkeit nicht merkbar auf die Lebensdauer aus. Auch bei der aktuellen Generation von Energiesparlampen ist die Lebensdauer nur mehr wenig von der Schalthäufigkeit abhängig.

Energie sparen beim Kochen – und Umwelt schonen?

Kann man beim Kochen Energie sparen und dabei auch noch die Umwelt schonen? Und ob das geht! Es fängt bei der Kochplatte an. Der Elektroherd hat je nach Ausführung eine Anschlussleistung und ist somit der in jedem Haushalt größte Stromfresser. Würden in Deutschland nur ein Drittel aller Elektroherde gleichzeitig eingeschaltet, würde sofort das ganze Versorgungsnetz zusammenbrechen.

„Strom kann man nicht sehen, aber man kann seine Wirkung spüren" Michael Faraday

Kleiner Topf - große Platte?

Man stellt keinen kleinen Topf auf eine große Herdplatte und umgekehrt. Ist der Topf nur um drei Zentimeter kleiner als die Kochplatte, verschwendet man 30 Prozent Energie. Der Topf sollte also möglichst passen und die Herdplatte ausfüllen, um Energieverluste zu unterbinden.

Eben muss es eben sein

Eben sollte der Topf sein und fest auf der Platte sitzen. So nutzt man effektiv die Hitze. Nicht für alle Kochvorgänge ist unbedingt ein massiver Topfboden nötig.

Alu-Topf auf Gas, geht das?

Zum reinen Erhitzen von Wasser ist ein möglichst dünner (Aluminium-) Topf sogar besser geeignet, zumal dann, wenn man mit Gas kocht. Eine Alternative zum Elektroherd ist der Gasherd. Das Kochen beziehungsweise Erhitzen mit Gas ist energetisch wesentlich günstiger als mit Strom. Außerdem sind die Kosten pro Kilowattstunde Gas gegenüber Strom wesentlich günstiger. Ist ein Gasanschluss in der Küche vorhanden, lohnt sich die Anschaffung eines Gasherdes in aller Regel. Deshalb sollte man bei einer neuen Wohnung auch auf die Möglichkeit des Gasanschlusses achten – auch Warmwasser mit Gas ist günstiger!

Auf jeden Topf passt ein Deckel

Den richtigen Deckel auf den richtigen Topf: Ein zu großer Deckel würde seitlich den Dampf entweichen lassen, den man ja mit einem Deckel gerade nutzen will. Und obendrein tropft das Wasser noch seitlich herunter. Nur ein kleines Beispiel: Zum Kochen von anderthalb Litern Wasser benötigt man ohne Deckel dreimal so viel Energie wie mit. Die Kochdauer verringert sich also erheblich, wenn die Energie im Topf bleibt.

Das Wunder vom Druckkochtopf?

Bis zu 50 Prozent Energieaufwand lassen sich mit einem Druckkochtopf sparen. Besonders bei Fleisch, das lange kocht, wie Gulasch oder Rindfleisch, eignet sich der Topf. Denn nach Erreichen des entsprechenden Drucks kann auf ganz kleine Hitze zurückgeschaltet werden. Das Geheimnis liegt hier in der Zeitersparnis.

Aus der Tiefe des Frostes sofort in den Topf?

Manche Lebensmittel kann man auch zunächst ankochen und dann bei abgeschalteter Kochplatte im Topf weiter garen lassen. Auch spart man Energie, wenn Tiefgefrorenes zunächst vorher aufgetaut wird, bevor es im Topf erhitzt wird. Denn um das Gefrorene im heißen Topf zu tauen, muss ich zunächst viel Energie aufwenden, die beim selbst Auftauen komplett entfällt.

Restwärme gut nutzen!

Um nicht unnötig Wärme an den Raum abzugeben, schaltet man die Herdplatte oder den Gasbrenner erst nach dem Aufsetzen des Topfes ein. Herdplatten mit Taktschaltung und Thermostat werden zum Anbraten beziehungsweise Ankochen auf die höchste Stufe gestellt und dann rechtzeitig

zurückgeschaltet. Die Restwärme nutzen, indem man schon vor
Ende der Kochzeit auf Null dreht.

Sparen mit „Mikro di Welli"?

An sich hat der Mikrowellenherd einen relativ schlechten
Wirkungsgrad: Lediglich die Hälfte der aufgenommenen
Energie steht als Wärmeleistung im Gar- Raum zur Verfügung.
Ihre Stärken hat die Mikrowelle aber bei kleinen
Lebensmittelmengen und beim Auftauen. Beim Garen von bis
zu 400 Gramm Gemüse oder 200 Gramm tiefgekühltem
Gemüse oder beim Wärmen von 300 Millilitern Flüssigkeit ist
der Energiebedarf geringer als beim Elektroherd.

Backrohr nicht vorheizen

Das Backrohr sollte nur dann vorgeheizt werden, wenn das Kochrezept dies ausdrücklich verlangt. Heißluft-Backrohre müssen überhaupt nicht vorgeheizt werden. Wie auf den Kochplatten sollte die Nachwärme genutzt werden, indem 10 bis 15 Minuten vor Ende der Garzeit der Backofen abgeschaltet wird.

Geeignete Geräte verwenden

Kaffeemaschinen mit Warmhaltekanne sind (bei gleichem Effekt!) wesentlich energiesparender als Geräte mit einer Warmheizplatte. Zum Kochen kleiner Mengen Wasser sind Wasserkocher energiesparender als ein Elektroherd.

„Elektrizität ist eine wirklich bewegte Kraft. Sie ist wie der Wind nur das man sie nicht sehen kann"
Thomas Edison

Wo sind die gierigen Energiefresser?

Alte Geräte austauschen!

So genannte Energiefresser, wie alte Geräte sollte man beizeiten überprüfen. Denn eine ohnehin bald anstehende Neuinvestition könnte vielleicht vorgezogen werden und schon ganz schnell hunderte Euro Stromkosten im Jahr einsparen. Insbesondere Altgeräte verbrauchen aufgrund älterer Technik mehr Strom als moderne, neue Geräte.

Energie-Effizienz-Siegel

Deshalb sollte man immer auf das so genannte Energie-Effizienz-Siegel entweder vorne auf dem Herd oder am Hinterteil des Geräts besonders achten. Es sagt etwas über die Energieausnutzung elektronischer – meist neuer – Geräte. So passiert es häufig, dass das warme Wasser im Bad mittels eines Heißwasserboilers über den elektrischen Strom geliefert wird. Einerseits ist diese Art der Warmwasserversorgung teurer. Andererseits können ältere Geräte das heiße Wasser noch teurer machen, weil sie nicht mehr effizient genug arbeiten (im Laufe der Jahre verstaubt und abgenutzt). Wer also demnächst eine Nachschlag-Forderung von seinem Vermieter bekommt oder der Hausbesitzer sich über die Strom-Endabrechnung wundert, sollte ernsthaft ohne Qualitätsverlust im Leben grundsätzlich über neue, effizientere Geräte nachdenken. Denn meist rechnet sich eine solche Neu-Investition sehr schnell. Selbst wenn der Vermieter anbietet, gegen hälftige Mit-Beteiligung an einem nagelneuen Warmwasserboiler das Gerät zu installieren, sollte man – meist mit der Faust in der Tasche zuschlagen. Denn die 100 Euro hat man schnell an dem geringeren Stromverbrauch wieder raus. Oder man ärgert sich hinterher mitunter jahrelang über den Stromfresser Marke „alter Durchlauferhitzer"! Noch eins ist wichtig: Man sollte immer darauf achten, dass der Durchlauferhitzer auch in seiner Leistung ausreichend ist. In der Küche für das Spülwasser reicht eine geringere Kilowatt-Leistung als im Bad. Dort brauche ich mehr, wenn ich nicht lauwarm unter der Dusche schnattern will.

Das Internet ist ein gieriger Stromfresser

Die Auswirkungen des Internets auf den Stromverbrauch in
Deutschland sind wissenschaftlich berechnet und haben zu
folgenden Ergebnissen geführt: Unter der Voraussetzung, dass
im Jahre 2010 bis zu 95 Prozent aller Haushalte ans Netz
angeschlossen und durch die weite Verbreitung von Flatrates
permanent online sind, haben die Forscher ausgerechnet, dass
der jährliche Stromverbrauch durch Betrieb von
Netzinfrastruktur und angeschlossenen Endgeräten auf bis zu
35 Milliarden Kilowattstunden im Jahr 2010 anwachsen könnte.
Das wären dann sieben Prozent des gesamten jährlichen
Stromverbrauchs in Deutschland. Das bedeutet: Computer
abschalten, Bildschirm abschalten, Drucker, Scanner, Boxen
vom Netz nehmen, wenn sie nicht gebraucht werden, und trotz
Flatrate den Computer – vor allem in der Nacht – ausschalten
und so Geld sparen, Energie schonen und die Umwelt
schützen!

Viele Kühlschränke sind zu kalt eingestellt

Dabei reicht eine mittlere Kühltemperatur von plus fünf Grad

ohne weiteres aus. Wird jedoch unnötigerweise von fünf auf

drei Grad heruntergekühlt, steigt der Energiebrauch um 15

Prozent oder sogar mehr. Daher ist es zur ständigen

Temperaturüberprüfung sinnvoll, ein Thermometer in den

Kühlschrank zu legen.

Türe zu, Klappe auf!

Kalte Luft ist schwerer als warme Luft und „rinnt" daher bei geöffneter Tür aus dem Kühlschrank. Und umgekehrt dringt die in der Küche herrschende Luftfeuchtigkeit in den Kühlschrank ein und kondensiert an den kalten Stellen. Das hat starke Vereisung zur Folge und erhöht drastisch den Energieaufwand. Es führt zu mehr Kosten und belastet die Umwelt noch stärker. Deshalb sollte man auch stark vereiste Kühlschränke und Gefriertruhen unbedingt abtauen. Dann verbrauchen sie wieder spürbar weniger Energie – eine Frühjahrskur für den „Freezer"!

Energie sparen und Umwelt schonen beim Wäschewaschen
Vorwäsche muss nicht sein!

Auf die Vorwäsche kann eigentlich verzichtet werden, es sei denn, die Wäsche ist stark verschmutzt. Damit erspart man sich einen Mehrverbrauch von zehn Prozent an Energie ebenso wie Waschmittel und Abwasserbelastung für die Umwelt.

Nur „Volle Pulle" ist gut

Eine Irreführung der Kunden ist die „1/2"-Taste auf den Waschmaschinen. Das bringt nämlich keine wesentliche Einsparung und ist nur Augenwischerei. Also nicht blenden lassen, denn auch wenn die Maschine nicht voll ist, verbraucht sie annähernd gleich viel Strom wie bei voller Auslastung. Zweimal halbvoll gewaschen, bedeutet somit doppelte Energiekosten.

Sparprogramm ist wirklich effizient!

Es zahlt sich allerdings aus, die Energiespar-Programme zu nutzen. Normal verschmutzte Wäsche wird bei 60 Grad genauso sauber wie bei 95 Grad, das ist erwiesen. Und oft genügen statt 60 Grad auch schon 40 Grad Waschtemperatur.

Oh weh, Bügeln tut weh!

Sowohl zu feuchte als auch trockene Wäsche muss länger gebügelt werden. Daher ist das Mittelmaß, also „bügelfeucht", am besten. Und die Restwärme nach Ausschalten des Bügeleisens lässt sich für feine Wäsche nutzen. Übrigens: Der Stromverbrauch beim Bügeln ist beträchtlich: Etwa 1,3 Kilowattstunden für fünf Kilogramm Wäsche. Durch Verwendung eines Wärme reflektierenden Bügelbrettbezuges kann eine ganze Menge an Energie eingespart werden.

Warmes Wasser ist teuer

Dazu kommen die Energiekosten für das aufgewärmte Wasser.
Beim Badewasser sollte man auch darauf achten, es möglichst
über die Heizung oder Fernheizung mit zu beziehen. Denn
Warmwasser aus der Steckdose ist erheblich teurer. Da hat
sich schon mancher gewundert, wenn die Endabrechnung für
den Strom kam. Oft passiert es auch, dass Mieter in eine
kleinere Wohnung ziehen, weil die etwas größere ihnen zu
teuer wurde. Am Ende haben sie aber in der kleineren
Wohnung mehr für die
Energie bezahlt als in der größeren – weil eben das warme
Wasser über den elektrisch betriebenen Boiler bezogen wurde
oder das kleinere Haus älter und schlecht isoliert war.

Auch die Heizung frisst Energie!

Bei der Heizung in einer Wohnung oder in einem Haus kann man sehr viel Energie sparen und damit gleichzeitig auch die Umwelt schonen – wenn man ein paar ganz einfache Regeln beachtet: Ein Heizkörper sollte immer großzügig seine Wärme ausstrahlen können. Also keine Sofas oder Schränke, auch keine Sideboards vor die Heizung stellen, auch keinen Sessel, und keine langen Vorhänge davor herunterhängen lassen sowie auf Heizkörper-Verkleidungen verzichten. Denn um so mehr Heizungen zugebaut sind, um so mehr staut sich dort die Hitze und kann sich nicht in den Raum hinein ausbreiten. Man dreht unweigerlich den Heizkörper höher, weil man das Gefühl hat, im übrigen Raum sei es nicht warm genug. Und darauf achten: Heizungsrohre müssen isoliert sein und dürfen nicht freiliegen, denn dann vergeuden sie Wärme. Deshalb sind Heizungsrohre in der Regel unter dem Putz im Mauerwerk und dort natürlich komplett mit einer Schaumstoffhülle ummantelt wie auch die Rohre vom Heizkessel aus direkt isoliert sind.

Die Heizung ist kein Wäschetrockner

So verführerisch schnell ein Heizkörper auch die nasse Wäsche aus der Waschmaschine trocknet, so teuer wird das Vergnügen aber auch. Denn der Heizkörper muss ja gegen die Nässe ankämpfen, und das macht er mit einem höheren Energieaufwand, also Mehrverbrauch und Mehrkosten. Die Heizung ist halt kein Wäsche trockner.

Die regelmäßige Wartung der Heizung spart Energie

Heizungen müssen regelmäßig vom Fachmann gewartet werden, und das möglichst vor einer Heizperiode, nicht danach. Insbesondere, wenn man im Sommer das Warmwasser über das Heizsystem bezieht, ist der Brenner durch die häufigen Starts verunreinigt. Dies verursacht einen schlechten Wirkungsgrad in der Heizperiode und damit einen unnötig hohen Energieverbrauch. Dabei wird auch untersucht, ob der Ofen nicht zu viele CO2-Emissionen in die Umwelt pustet. Aber auch die Rohre eines Heizungssystems müssen regelmäßig gelüftet werden, damit sich die Wärme auch ungehindert im System ausbreiten kann und nicht manche Heizkörper kalt bleiben, weil das warme Wasser sie nicht erreicht. Gluckert beispielsweise eine Heizung, so ist Luft im System und kann bis zu zehn Prozent höhere Heizkosten verursachen.

Selbst ist der Mann

Man kann eine Heizung auch selbst mit dem so genannten Entlüftungsschüssel entlüften. Dazu hält man ein Gefäß unter das Heizungsventil und lässt die Luft ab. Wenn Flüssigkeit ins Gefäß läuft, ist die Luft raus. Auch das Wasser im System sollte regelmäßig vom Fachmann ausgewechselt werden. Mit der Zeit kann es infolge von Ablagerungen träge werden und die Energie nicht mehr ausreichend transportieren. Auch so lassen sich Kosten sparen. Eine Investition für die Wartung rechnet sich schnell und erhält auch den Wert der Heizung.

Raumtemperatur senken!

Eine Faustregel besagt: Ein Grad weniger Raumtemperatur spart sechs Prozent Heizungskosten. Man sollte kritisch überprüfen, ob die Räume nicht zu warm und überheizt sind. Denn dann kann man am Thermostat die Temperatur senken –

und Energie sparen sowie die Umwelt entlasten. Auch die Vorlauftemperatur ist vor allem bei älteren Systemen oft zu hoch. Dies führt zu kurzen Brennerlaufzeiten und damit zu hohem Energieverbrauch. Vor allem in der Übergangszeit reichen oft auch geringere Vorlauftemperaturen. Thermostatventile erkennen zudem, wenn die eingestellte Temperatur erreicht ist und schalten dann die Heizkörper ab.

Lüften spart Energie und Geld

Warme Luft verteilt sich auch besser, wenn man einen Raum für einige Minuten stramm durchlüften lässt, die Fenster und Türen öffnet. Aber den Raum nie ganz abkühlen lassen, es sei denn, man verreist für mehrere Wochen. Das komplette Wiederaufheizen erfordert Unmengen an Energie. Ein Fenster dauernd auf Kipp zu stellen, verbraucht unnötig viel Energie. Manche Heizungen haben eine automatische Nachtabsenkung, weil man davon ausgeht, dass die hohe Temperatur nachts nicht gebraucht wird.

Nachts Heizung abschalten

Man sollte also darauf achten, nachts die Temperaturen in Wohnzimmer, Fluren, Küche und Bad zumindest herunter zu fahren, während man tagsüber die Heizung im Schlafzimmer getrost ausstellen darf. Das spart Energie und schont die Umwelt, weil weniger Abgase der Heizungsanlagen aus der Verbrennung von Gas oder Öl in die Atmosphäre gelangen.

Nicht bei offenem Fenster heizen

Manche Menschen gehen aber auch mit der Heizungsenergie sehr arglos um, wenn sie beispielsweise bei offenem Fenster die Heizungen hochdrehen. Das ist pure Energieverschwendung.

Eine gute Isolierung ist die halbe Heizung

Achten sollte man auch auf eine gute Isolierung der Wohnung. Das fängt bei den Dächern an und geht über Wände bis hin zu Fenstern und Türen. Manchmal hört man den Wind durch Fenster und Türen pfeifen. Dann kann man sie mit Schaumstoff-Klebestreifen abdichten. Auf jeden Fall sollte die Gummidichtung an den Türen und Fenstern regelmäßig überprüft und gereinigt werden. Bei Defekt müssen hier unbedingt so genannte Kälte-Brücken ausgebessert werden. Oder der Verschluss von Fenstern ist nachzuziehen und enger zu spannen. Manche Türen sind unten zu großzügig ausgefallen oder nachträglich durch die Herausnahme von Teppichböden oder Holzbohlen plötzlich zu weit vom Boden entfernt. Dann gibt es Filzleisten, die man davor schrauben kann, so dass der Wind und die Kälte nicht unter der Tür in die Wohnung kommen. Im Winter, wenn es draußen friert, zieht man besser Gardinen und Vorhänge vor den manchmal auch vereisten Fenstern zu und blockt so einen Teil der Kälte ab. Man kann Energie in der Wohnung auch konservieren, indem man geheizte Räume verschlossen hält und die Türen nicht sperrangelweit offen hält.

Der Kerzentest bringt´s ans Licht

Schon einmal etwas von dem so genannten Kerzentest gehört?
Nein, nicht in der Kirche! Am Fenster natürlich. Hat man das
Gefühl, dass der Raum nicht richtig warm wird, der Heizkörper
aber funktioniert, nimmt man eine Kerze und geht damit an die
Fenster. Wenn in Rahmennähe das Kerzenlicht flackert, sind
die Fenster undicht und lassen Wind und Kälte eindringen, verschwenden so die Energie, führen zu Mehrkosten und lassen
den Raum nicht wirklich warm erscheinen. Den Kerzentest
kann man natürlich auch an jeder Tür wiederholen.

Teure Klimaanlage

Bevor man sich in unseren Breitengraden eine teure
Klimaanlage für die wenigen wirklich unerträglichen Tage
einbauen lässt, sollte man über Alternativen nachdenken. Denn
Klimaanlagen oder –Geräte sind teuer und fressen
unwahrscheinlich viel Strom. Da ist es schon wesentlich
cleverer, bei absehbarer Hitze die Rollläden zu schließen und
die angenehme Raumtemperatur zu erhalten oder auch nur die
Markise auszufahren oder den Sonnenschirm auf der Terrasse
aufzuklappen. Auch sollte man an heißen Tagen allzu viele

Energiequellen im Raum abschalten. Ein Fernsehgerät oder Bildschirm gibt halt auch Wärme an die Umgebung ab.

Wir alle müssen Energie sparen und sind dabei auch Gewinner!

Sparen ist längst kein Modewort mehr. Es ist zu einer bitteren Pflicht geworden. Und es geht. Man kann es locker mit Humor nehmen – wie das „Geiz ist geil!" –, oder man nimmt es ernst: als Auftrag und Verpflichtung. Wenn wir Energie sparen, merken wir erst einmal, was wir bisher alles leichtfertig vergeudet haben. Wir setzen vielfach Energie da ein, wo es gar nicht notwendig ist. Es geht nämlich auch anders. Gleichzeitig schaffen wir damit anderswo ein Mehr an Lebensqualität und – Freude. Wir sparen damit viel Geld und können uns dafür ganz andere Dinge leisten, die wir uns vielleicht immer schon mal gewünscht hatten. Wir sparen ja auch auf ein Haus, auf ein Auto oder auf einen Urlaub. Warum sparen wir nicht auf unsere Zukunft, auf unsere Erde, auf unsere Kinder! Eine bessere Umwelt bedeutet auch für uns alle ein besseres Leben: mit weniger Schadstoff in der Luft, mit weniger Lärm, mit weniger Katastrophen. Wir schonen unsere Umwelt, erhalten die Natur, in der wir uns so wunderbar erholen können. Ein angenehmes Umfeld stärkt uns für andere Aufgaben, für Ideen und Initiativen, für kreative Lösungen.

Zum Schluss dieses Kapitels meine Top-10 :

1. Nutze Energiesparlampen oder LED-Leuchten, um den Stromverbrauch für Beleuchtung zu reduzieren.

2. Schalte Elektrogeräte vollständig aus, anstatt sie im Standby-Modus zu lassen, um unnötigen Stromverbrauch zu vermeiden.

3. Verwende einen Energiesparmodus an deinen Geräten, um den Energieverbrauch zu verringern, wenn sie nicht in Gebrauch sind.

4. Dichte Fenster und Türen ab, um Wärmeverluste zu minimieren und den Verbrauch für Heizungszwecke zu senken.

5. Stelle deine Heizung auf eine moderate Temperatur ein, um Energie zu sparen und den Gasverbrauch zu reduzieren.

6. Lüfte dein Zuhause regelmäßig kurz und effizient, um frische Luft hereinzulassen, ohne zu viel Energie für die Wiederaufheizung zu verbrauchen.

7. Isoliere deine Heizungsrohre, um Wärmeverluste zu minimieren und den Energieverbrauch zu senken.

8. Nutze Sonnenenergie, indem du Vorhänge tagsüber geöffnet lässt, um Räume natürlicher zu erwärmen und den Bedarf an Heizung zu reduzieren.

9. Schalte elektrische Geräte wie Computer und Fernseher komplett aus, wenn du sie nicht benutzt, um den Stromverbrauch zu senken.

10. Informiere dich über staatliche Förderprogramme für energieeffiziente Maßnahmen, um möglicherweise Unterstützung bei der Umsetzung von Energiesparmaßnahmen zu erhalten.

UNTERNEHMER bitte ich mich persönlich wegen einer Beratung bezüglich Strom.-und Gas Einsparmöglichkeiten zu kontaktieren.

Kontaktdaten am Ende dieses Buches.

Ich hoffe, diese zusätzlichen Tipps helfen dir dabei, Energie und Ressourcen zu sparen!

VIII. Lust auf ein Date?

Keine Angst..........wir bleiben rein geschäftlich ☺.

Für alle Leser meines E-Books möchte ich betonen, wie wichtig
es ist, sich bei Fragen an einen Berater zu wenden.
Solltest du keinen passenden Berater kennen, stehe ich gerne
zur Verfügung.

Mein Motto lautet: „DEIN Erfolg steht im Mittelpunkt" !

Ich arbeite mit den verschiedensten Stromanbietern
(mehr als 50) zusammen, um die besten Tarife zu vergleichen.
Mithilfe von KI-gestützten Analysen erstelle ich klare
Berechnungen und zeige Einsparpotenziale auf.

Du kannst mich jederzeit kontaktieren. Besuche mich auf meiner
Webseite unter : www.strompapst.de
um einen Termin für einen kurzen Anruf oder einen Video Call
zu vereinbaren, natürlich komme ich auch zu dir, falls du das
wünscht.
Gemeinsam können wir die besten Tarife für dich finden, **um
dir eine erhebliche Ersparnis zu ermöglichen.**

**Bei Privathaushalten können die Einsparungen jährlich
zwischen 100 und 600 € liegen,**

**während Unternehmen ,je nach Verbrauch,sogar im vier- bis
fünfstelligen Bereich sparen können.**
Hier meine Kontaktdaten und weitere Informationen:
www.strompapst.de

Übrigens: Suche noch Verstärkung in meinem Team!!
Spreche mich an, egal ob Neben.-oder Hauptberufliches Interesse

www.StromPapst.de